合唱で歌いたい！J-POPコーラスピース

混声3部合唱

fight（ファイト）

作詞・作曲：YUI　合唱編曲：田中和音

•••曲目解説•••

2012年度第79回NHK全国学校音楽コンクール中学校の部の課題曲として注目を集めたこの曲。中学生に向けて送る、YUIの力強くストレートなメッセージと、前向きな気持ちにさせてくれる爽やかなメロディーが、いつまでも耳に残る楽曲です。この混声3部合唱は、Nコンの合唱バージョンを、より簡単に歌い易くアレンジしました。美しいハーモニーはNコンバージョンと変わらず、本格的な合唱を体感することができます。

•••演奏のポイント•••

♪しっかりと音符の長さを意識して伸ばすところは伸ばす、切るところは切るようにして、メリハリをつけましょう。

♪休符でブレスをする際は、音楽の流れを感じて、音楽が止まってしまわないように気をつけましょう。

♪BからのメロディーによくでてくるAsの音を大切に歌いましょう。また、Cの「がんばれ」は語りかけるように、Gの「がんばれ」は力強く歌うと、コントラストが出て豊かな表現に繋がるでしょう。

♪ピアノはダイナミクスと疾走感を意識して弾きましょう。

【この楽譜は、旧商品『fight（混声3部合唱）』（品番：EME-C3045）とアレンジ内容に変更はありません。】

合唱で歌いたい！J-POPコーラス

fight（ファイト）

作詞・作曲：YUI　合唱編曲：田中和音

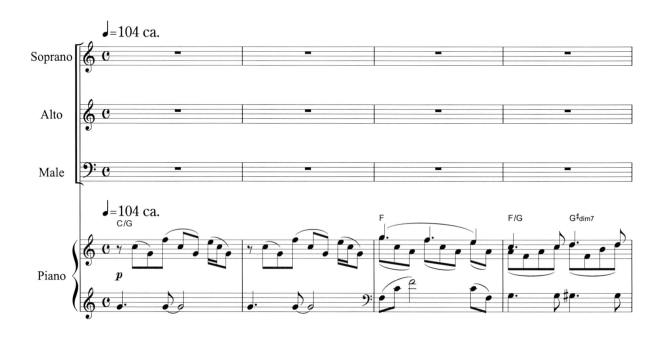

© 2012 by NHK Publishing, Inc.　& STAR DUST MUSIC, INC.　& Sony Music Publishing(Japan) Inc.

fight（ファイト）

作詞：YUI

描く夢が全て
叶うわけなどないけど
あなただってわかっているはずよ
壊れそうな空だって
あたしは受け入れるから
大丈夫よ
優しい嘘
大人になりたい

頑張れ頑張れ
命燃やして
続く現実
生きてゆく
頑張れ頑張れ
限りある日々に…
花を咲かせる

希望の先にある
憧れに手を伸ばせば
明日だって手さぐり見つけるよ
散りゆくから美しいという
意味がわかってきた
ごめんね
もう少し
大人になるから

頑張れ頑張れ
勝ち負けだって
本当は大事な事なんだね
頑張れ頑張れ
そうさ人生は引き返せない

いつか振り返る時
今日の若かりし日が
きっと懐かしくなるから

頑張れ頑張れ
命燃やして
続く現実
生きてゆく
頑張れ頑張れ
限りある日々に…
花を咲かせる
花を咲かせる

MEMO

MEMO

エレヴァートミュージックエンターテイメントはウィンズスコアが
展開する「合唱楽譜・器楽系楽譜」を中心とした専門レーベルです。

ご注文について

エレヴァートミュージックエンターテイメントの商品は全国の楽器店、ならびに書店にてお求めになれますが、店頭でのご購入が困難な場合、下記PC＆モバイルサイト・FAX・電話からのご注文で、直接ご購入が可能です。

◎PCサイト＆モバイルサイトでのご注文方法
http://elevato-music.com
上記のアドレスへアクセスし、WEBショップにてご注文ください。

◎FAXでのご注文方法
FAX.03-6809-0594
24時間、ご注文を承ります。上記PCサイトよりFAXご注文用紙をダウンロードし、印刷、ご記入の上ご送信ください。

◎お電話でのご注文方法
TEL.0120-713-771
営業時間内に電話いただければ、電話にてご注文を承ります。

※この出版物の全部または一部を権利者に無断で複製（コピー）することは、著作権の侵害にあたり、著作権法により罰せられます。

※造本には十分注意しておりますが、万一、落丁・乱丁などの不良品がありましたらお取り替えいたします。また、ご意見・ご感想もホームページより受け付けておりますので、お気軽にお問い合わせください。